ATTI DEL CONGRESSO INTERNAZIONALE DI SCIENZE STORICHE
(Roma, 1903).
Estratto dal Vol. IX. — Sezione V: Storia del Diritto.

NATURE ET ANTIQUITÉ
DES
LEGES XII TABULARUM

COMMUNICATION
par

CHARLES APPLETON
PROFESSEUR À L'UNIVERSITÉ DE LYON

ROMA
TIPOGRAFIA DELLA R. ACCADEMIA DEI LINCEI
PROPRIETÀ DEL CAV. V. SALVIUCCI
—
1904

NATURE ET ANTIQUITÉ

DES

LEGES XII TABULARUM

COMMUNICATION

par

CHARLES APPLETON

PROFESSEUR À L'UNIVERSITÉ DE LYON

ROMA

TIPOGRAFIA DELLA R. ACCADEMIA DEI LINCEI

PROPRIETÀ DEL CAV. V. SALVIUCCI

1904

Estratto dagli *Atti del Congresso internazionale di scienze storiche* (Roma, 1903).

VOLUME IX. — **Sezione V: Storia del Diritto.**

Sommaire : 1. La tradition. — 2. Système de M. Pais. — 3. Système de M. Lambert. — 4. Objections: enseignement du droit dès le Ve siècle; impossibilité de la conservation dans une œuvre de pratique, comme les Tripertita, de dictons hors d'usage. — 5. A plus forte raison pour ceux dont le sens même s'était perdu, comme celui relatif au *lessus*. — 6. L'argument tiré en sens contraire du texte de Caton manque de base; ce texte se référait, non aux XII Tables, mais aux mœurs des Numides, ou d'une autre peuplade barbare: preuves. D'ailleurs l'histoire des Décemvirs était connue au temps de Caton et par conséquent le texte des XII Tables fixé. — 7. La division en XII Tables, qu'Aelius n'a pu prendre dans les lois de Solon, qu'il n'a d'ailleurs pas lues (preuve), suffirait à prouver le caractère officiel du document. Conjecture sur l'origine de cette division en XII Tables. — 8. La tradition repose sur des faits réels; mais leur interprétation par des historiens beaucoup plus récents, appelle des réserves. Notamment les *rogationes* seules pouvaient être l'objet d'un vote: les *leges*, dispositions générales, véritables révélations, insusceptibles d'abrogation ne pouvaient être l'objet que d'un serment d'obéissance, qui plus tard seulement se transforma en vote.

1. Nous n'avons point la prétention de traiter ici en quelques minutes le problème des XII Tables, mais seulement de rechercher, en nous plaçant au milieu du VIe siècle de Rome, si le texte appelé *les XII Tables* est un document officiel ou une compilation privée, et s'il constituait à cette époque un document très ancien ou relativement récent.

Sans revenir sur ce qui a été dit par des savants de grande autorité (1), nous nous proposons seulement de mettre en relief quelques

(1) Girard, *Nouvelle Revue historique de droit*, 1902, pp. 381-436. — May, *Annales des Universités du Midi*, t. IV, 1902 pp. 201-213. — Erman, Z. S. S. R. A., t. 23, pp. 450-457; Voyez enfin Kipp, *Geschichte der Quellen des römischen Rechts*, 2e ed., 1903, p. 29 et s.

raisons très simples, mais à nos yeux très décisives, à l'appui de nos conclusions.

La tradition relative au double décemvirat est trop connue pour qu'on la rappelle ici. Par la publication des XII Tables les Pontifes perdirent le monopole de la connaissance des principes du droit, mais ils gardèrent le monopole de l'interprétation [1] et par suite la faculté exclusive de révéler les formes suivant lesquelles ce droit devait s'exprimer dans les actes judiciaires. Seuls aussi les Pontifes et quelques patriciens connaissaient les *Fastes*; il fallait aller leur demander l'indication des jours où l'on pouvait procéder aux actions de la loi.

A la vérité, il est probable que les seconds Décemvirs avaient publié le Calendrier [2] mais. lorsque après l'incendie de Rome, on reconstitua les XII Tables et les lois royales, les Pontifes, au dire de Tite-Live, gardèrent secret tout ce qui touchait au droit sacré [3]. On peut admettre que le Calendrier fut compris dans cette réserve, ce qui explique comment soixante ans plus tard une nouvelle révélation du Calendrier fut faite vers 450 de Rome par Cn. Flavius scribe d'Appius Claudius Coecus [4]. A l'instigation de Claudius lui-même, dit-on, il publia aussi un formulaire des actions de la loi et peut-être des autres actes juridiques [5]. Le droit dès lors n'avait plus de mystères et quelque vingt ans plus tard Tiberius Coruncanius, le premier plébéien nommé grand-pontife, fondait l'enseignement juridique en donnant publiquement ses consultations. Enfin, un siècle environ après les divulgation de Flavius, Sextus Aelius Poetus écrivait un nouveau formulaire enrichi de formules supplémentaires nécessitées par le développement des affaires. Ce formulaire fut nommé le *jus Aelianum*.

Il composa aussi un livre que Pomponius appelle le berceau du droit, qui subsistait encore, dit-il, de son temps, et qu'on appelait *Tripertita* parce qu'il était divisé en trois parties: 1° la loi des XII Tables; 2° l'interpretatio ou jus civile, c'est-à-dire les développements que la

(1) Pomponius, fr. 2., p. 6, D., *De or. jur.*, 1, 2: *omnium tamen harum et interpretandi scientia et actiones apud collegium pontificum erant.* — Liv. IX, 46, 5: *Cn Flavius..., civile jus, repositum in penetralibus pontificum, evulgavit.* — Bruns, *Fontes*, 6, p. 38; Valère Maxime, II, 5, 2.

(2) Macrobe, *Sat.*, I, 13, 21. — Cicéron, *ad Att.*, VI, 1, 8. — Bruns, *Fontes*, 6, p. 37-38. — Ovide, *Fastes*, lib. II, 47-54.

(3) Liv. VI, 1.

(4) *Occultatam putant quodam tempore istam tabulam, ut dies agendi peterentur a paucis*, dit à ce propos Cicéron, *ad Att.* VI, 1, 8.

(5) Voyez Cuq, *Institutions*, p. 151; Liv. IX, 46, 5, *civile jus, repositum in penetralibus pontificum, evulgavit.*

doctrine et la jurisprudence lui avaient donnés; 3° enfin les actions de la loi.

2. Jusqu'à ces derniers temps, cette tradition avait été admise, du moins dans ses grandes lignes; on avait seulement révoqué en doute certains détails de l'histoire des Décemvirs et la mission envoyée en Grèce.

Mais elle a été contestée dans ses bases mêmes par un éminent historien, M. Pais, et par un juriste de beaucoup de talent, M. Lambert, professeur à l'Université de Lyon (¹).

Suivant le savant professeur de Naples, un même événement, la publication d'un recueil de jurisprudence sacerdotale, effectuée vers le milieu du Vᵉ siècle de Rome, aurait formé le canevas de deux légendes dénuées de caractère historique: le récit de la rédaction des XII Tables par les Décemvirs au début du quatrième siècle de Rome, et le récit de la divulgation des formules de *legis actiones* par le scribe d'Appius Claudius, Gn. Flavius, vers 450 de Rome.

Notre étude, restreinte à la question de savoir si au VIᵉ siècle de Rome les XII Tables étaient un document très ancien et officiel, ne comporte pas l'examen de cette thèse. Nous nous bornerons à renvoyer aux dissertations de M. M. Girard et May, et à ajouter une observation à celles que nous avons présentées ailleurs (²):

La tradition ne renferme pas réellement une contradiction que l'on a cru y trouver (³) par suite d'un malentendu sur le sens du mot *jus civile* dans la terminologie juridique romaine. Cette contradiclion consisterait en ce que la tradition attribuerait la révélation du *jus civile* à la fois aux Décemvirs en 304 et a Cn. Flavius en 450.

Lorsque Tite-Live (⁴) nous rapporte que Flavius révéla le *jus civile* jusque-là caché par les Pontifes, par *jus civile* il n'entend pas évidemment le contenu des XII Tables, lui qui nous a raconté plus haut l'histoire de leur publication par les Décemvirs.

Le mot *jus civile*, en effet, dans la terminologie romaine, non seulement ne comprend pas les XII Tables, mais s'oppose au contraire comme antithèse au texte de la loi et désigne exclusivement cette partie

(¹) Pais, *Storia di Roma* I, 1, pp. 558-606; t. 2, pp. 546-641. — Lambert, *Nouvelle Revue historique de droit*, 1902, p. 147-200; *Revue générale de droit*, 1902, pp. 385-421, 481-497; 1903, pp. 15-23.

(²) *Le testament romain, la méthode du droit comparé et l'authenticité des XII Tables*, Paris, Fontemoing, 1903.

(³) Pais, I, 1, p. 581. — Lambert, *Nouvelle Revue historique*, 1902, p. 152.

(⁴) Valère Maxime, II, 5, 2. — Tite-Live, IX, 46, 5.

du droit que les Prudents ont tirée des XII Tables par voie d'interprétation. Il n'y a donc aucune contradiction à cet égard dans la tradition (1).

3. Au gré de M. Lambert, les XII Tables ne seraient qu'un recueil d'adages juridiques, en partie très archaïques, qui n'auraient été immobilisés par l'écriture et rassemblés en un unique conglomérat que deux cents ans environ avant notre ère, par Sextus Aelius Poetus lui-même dans la première partie de ses Tripertita. Jusque-là ces adages se seraient transmis par la tradition orale (2), de sorte qu'ils auraient subi non seulement toutes les variations de la langue, mais encore des variantes importantes dans le sens, notamment le vieux dicton sur le talion. Nous nous expliquerons tout à l'heure sur ce point.

Ainsi dans ce système, le texte appelé les XII Tables n' aurait été fixé que par l'ouvrage d'Aeliūs.

4. Contre cette hypothèse une première objection vient immédiatement à l'esprit. Quatre-vingts ans avant Aelius, Tiberius Coruncanius (3) enseignait publiquement le droit. Il donnait ses consultations en public, et les auditeurs les notaient, puisque Pomponius affirme qu'on citait de lui une quantité de réponses mémorables (4). Par conséquent, à l' époque de Sextns Aelius un grand nombre de maximes juridiques devaient être fixées par écrit, et non laissées à la tradition orale.

Une autre objection ressort de la nature et du contenu de l'œuvre de Sextus Aelius.

(1) Voyez Pomponius, *Dig.* I, 2. 2, §§ 5, 6, 8, 12. Notamment § 8: *Deinde cum esset in civitate lex XII Tabularum et jus civile...* Voyez aussi Cicéron, *Pro Murena*, 11, 25. De même Pline, *Histoire nat.*, 33, 1, 17. — Macrobe, *Sat.*, 1, 15. — Valère Maxime, 2, 5, 2. — Diodore, 20, 36. Ces auteurs parlent les uns de la révélation des fastes seulement, les autres des *actiones*, d'autres du *jus civile*. Mais comme les *actiones* comprenaient jadis les modèles d'actes même extra-judiciaires, rédigés par interprétation du droit, les deux termes, *actiones* et *jus civile* peuvent, dans le langage non technique des littérateurs et des historiens, désigner la même chose. Sur l'antithèse entre *jus civile* et les XII Tables voyez Ehrlich, Beiträge zur Theorie der Rechtsquellen, 1902, pp. 13, et sg. cité par Erman Z. S. S., R. A. XXII, p. 422, et par Combothecra, Rev. gén. du droit, 1904, p. 220.

(2) Lambert, *Nouv. R. H.*, 1902, pp. 165, 172, 200. — *Revue gén. du droit*, 1903, § 18.

(3) Sextus Aelius fut consul en 556 de Rome; Tiberius Coruncanius en 474.

(4) *Responsa complura et memorabilia ejus fuerunt* (ou *feruntur*). Pomponius, l. 2, § 38. D. *De or. jur.* l. 2.

Les *Tripertita* sont une œuvre éminemment pratique : un texte, son commentaire, et un formulaire de procédure mis au courant des besoins les plus récents. Peut-on concevoir qu'Aelius y ait accueilli des brocards sur le talion, snr le dépècement du débiteur par ses créanciers, alors que, d'après M. Lambert lui-même, plus de cent ans auparavant ces coutumes barbares étaient déjà tombées en complète désuétude? (1)

Peut-on imaginer qu'un jurisconsulte publiant une œuvre de pratique y accueille des dictons sans aucune application pratique possible de son temps, ne pouvant, par suite, donner lieu à aucune formule de procédure, ni même à aucun commentaire? Car on ne s'imagine pas qu'à cette époque, aux débuts de la science juridique, on ait songé à faire de l'histoire du droit, de l'archéologie juridique.

Ce n'est pas tout. Peut-on admettre un seul instant que ces brocards juridiques aient pu continuer à circuler de bouche en bouche au Forum — j'allais dire au Palais — entre hommes de loi, alors qu'ils ne répondaient plus à rien? Il y a dans la jurisprudence classique des adages qui ne correspondent plus à aucune nécessité, religieuse, économique, politique ou sociale (2), comme la règle *nemo partim testatus, partim intestatus decedere potest;* ils subsistent pourtant, mais c'est parce qu'ils ont conservé des conséquences pratiques sans lesquelles ils auraient sûrement disparu.

5. Il y a mieux encore. Parmi ces prétendus adages, il en est un que Sextus Aelius reproduit en avouant n'en point comprendre le sens, et Cicéron, qui nous rapporte ce fait, ajoute qu'un autre jurisconsulte contemporain d'Aelius, Lucius Acilius, y voyait aussi une énigme indéchiffrable (3). C'est le fameux passage qui interdit aux femmes dans les funérailles de se déchirer les joues et de pousser des lamentations bruyantes : *Mulieres genas ne radunto, neve lessum funeris ergo habento.*

Le mot *lessum*, qui signifie lamentation bruyante, laisse perplexes Sextus Aelius et Lucius Acilius. Ils finissent toutefois par risquer timidement une conjecture absurde ; *lessus* serait un vêtement funèbre que la loi somptuaire interdirait aux femmes de revêtir dans les funérailles !!

(1) Cette désuétude certaine lui a fourni un motif de repousser la conjecture de M. Pais sur une sécularisation d'ensemble de la jurisprudence sacerdotale vers 450 de Rome.

(2) Comp. LAMBERT, *Revue gén.*, 1903, p. 19.

(3) CICÉRON, *De legibus*, II, 23, 59.

Voir dans cette phrase, que les plus habiles ne comprennent plus à Rome au sixième siècle de la Ville, un adage qui se transmettait de bouche en bouche, n'est-ce pas l'une des hypothèses les plus invraisemblables que l'on puisse imaginer?

Car enfin un brocard, une maxime de jurisprudence ne saurait subsister dans la mémoire des juristes quand il ne présente plus de sens pour personne. On comprend qu'une prière comme le chant des Arvales se conserve, bien que le sens des mots devienne un mystère, parce que ces mots il faut les répéter littéralement quand revient le jour des cérémonies traditionelles; mais une prescription réglementaire! Comment admettre que cette formule vide de sens ait pu se conserver? Un dicton populaire peut s'altérer, changer de sens, mais il en a toujours un, sans cela on le répéterait pas.

Dans le système que nous combattons on a fini par comprendre que c'était inadmissible. Aussi rétractant formellement l'idée que l'obscurité du sens de *lessus* aurait résulté du caractère archaïque de la langue (1) on a cherché une autre explication à l'ignorance avouée de Sextus Aelius, et l'on a dit: « La signification du vocable *lessus* demeurait obscure pour Sextus Aelius à raison de sa provenance étrangère, parce que ce terme visait un trait particulier des mœurs grecques, une forme spéciale de lamentations qui n'avait pas d'équivalent exact à Rome » (2). « Bien des brocards d'origine grecque, ajoute-t-on dans ce système, avaient dû déjà, véhiculés par la littérature, s'acclimater à Rome ».

On conclut qu'il est fort naturel que quelques-uns de ces adages d'importation récente aient pris place dans une compilation entreprise par un contemporain d'Ennius et de Caton (3).

Ainsi la littérature aurait véhiculé à Rome un brocard d'origine grecque, interdisant aux femmes le *lessus*, brocard que personne ne comprenait plus peu de temps après son importation, qu'on proclame récente. Car au moment où la littérature l'a véhiculé on le comprenait évidemment; la littérature, ni rien au monde ne saurait importer dans un pays une phrase dénuée de sens. Mais alors comment en peu de temps cette phrase est-elle à la fois passée en proverbe et devenue inintelligible?

En vérité tout cela est aussi incompréhensible pour nous que le mot *lessus* l'était pour les Romains du sixième siècle.

(1) Lambert, *Revue gén.*, 1902, p. 402.
(2) Lambert, loc. cit., p. 402.
(3) Lambert, loc. cit., p. 414.

Voir un jurisconsulte insérer parmi les textes dont il se propose de donner le commentaire et le formulaire, une phrase dont, de son propre aveu, le sens lui échappe, aveu toujours pénible pour un interprète, c'est là un phénomène qui ne comporte qu'une seule explication. Il faut que cette phrase fasse partie d'un texte archaïque et sacré auquel l'interprète ne peut rien retrancher, même les parties tombées depuis si longtemps en désuétude que les juristes n'ayant jamais l'occasion de les appliquer, ont fini par n'en plus comprendre le sens.

En histoire les témoignages les plus précieux, les témoignages irrécusables, sont toujours les indirects, ceux qui n'ont pas été faits pour nous prouver ce qu'ils nous prouvent, et qui le prouvent à l'insu du témoin qui les fournit.

C'est précisément le cas ici. En avouant son ignorance sur le sens du mot lessus, Sextus Aelius nous démontre le caractère officiel et intangible du texte qu'il reproduit avant de le commenter, et cela d'une manière infiniment plus probante que ne le serait une affirmation directe de sa part. Car un mensonge, si invraisemblable qu'il puisse être à cette époque, reste a priori dans l'ordre des choses matériellement possibles, tandis qu'il est impossible que Sextus Aelius ait reproduit un texte que ni lui ni personne ne comprenait plus, s'il ne s'est pas cru forcé de l'insérer avec le reste. De là résulte qu'à cette époque les XII Tables étaient considérées comme un texte arrêté, intangible, et en même temps si ancien, que certaines parties en restaient inintelligibles pour les plus habiles interprètes.

6. Contre l'existence d'un texte de XII Tables parfaitement fixé à cette époque, on a invoqué cependant une prétendue divergence entre le texte de la disposition du talion, tel qu'il est rapporté par Caton, au livre IX de ses *Origines*, et celui que nous donnent les classiques qui l'ont pris sans doute dans Sextus Aelius.

Mais cet argument péche par la base, car il faudrait d'abord être bien sûr que le fragment de Caton se réfère au droit romain [1].

[1] N'oublions pas qu'il incombe à ceux qui invoquent ce texte de prouver rigoureusement qu'il se référait aux XII Tables. Le moindre doute à cet égard doit suffire pour le faire écarter du débat, car il n'y aurait rien de moins scientifique que de prendre pour base d'une restauration des XII Tables un texte qui peut se référer, qui se réfère même bien plus vraisemblablement aux mœurs des Numides, ou de quelque autre peuple barbare.

Plusieurs auteurs n'osent l'affirmer (1), d'autres le contestent absolument (2).

Au quatrième livre des *Origines* Caton racontait la première (3) et la seconde guerre punique, au moins jusqu'à la bataille de Cannes (4). Il y donnait des renseignements sur les mœurs et coutumes des peuples africains. Par exemple il nous y parle des *Mapalia*, sorte de gourbis, de huttes ou tentes portatives en osier, sous lesquelles vivaient, dans une promiscuité passée en proverbe à Rome (5), certains nomades africains (6).

Dans un livre de ce genre, Caton n'avait aucune occasion de citer la loi des XII Tables. Il y a donc beaucoup plus de probabilité *a priori* pour que le talion mentionné ici se réfère aux coutumes de quelqu'un des peuples étrangers dont il nous parle dans ses *Origines*. Ce n'est pas une citation des XII Tables, car on n'y retrouve pas la forme impérative qui revient, comme un refrain, dans toutes ses dispositions. Bien mieux, il est matériellement impossible qu'il se réfère au droit romain, car il s'exprime au présent et affirme que le talion est exercé par les plus proche cognat de la victime: *proximus cognatus ulciscitur*. Or, personne n'a jamais prétendu que le talion fut en vigueur à Rome à la fin du VIe siècle de la Ville, époque où Caton écrivait ce passage (7).

Le seul motif qu'on ait eu de penser aux XII Tables à propos de cette phrase de Caton, c'est qu'il reproduit deux expressions du

(1) Karlowa, *Roemische Rechtgeschichte*, II, p. 789 *in fine*. — Peter, *Veter. hist. rom. rel.*, p. 74, n.° 81.

(2) Voigt. XII Tafeln, II, § 132, p. 535, n. 11, adoptant l'opinion émise par Wagener et Jordan, cités par Peter, loc. cit.

(3) Cornélius Nepos, *Cato*, 3.

(4) Peter, pp. cxxxxi et 79, no 87.

(5) Festus ed. Thewrewh de Ponor, p. 131. *Mapalia casae peaenicae appellantur, in quibus quia nihil est secreti, solet solute viventibus obici id vocabulum. Cato, Originum libro quarto. « Mapalia vocantur ubi habitant, ea quasi cohortes rotundae sunt »*. Aujourd'hui les gourbis mobiles et transportables des Berbères ... nous représentent les anciens Mapalia. (*Dict. des Antiquités* de Daremberg et Saglio. V. *Mapalia*).

(6) Voyez le mot *Mapalia*, dans le *Dictionn. des Antiquités* de Daremberg et Saglio.

(7) Le second livre des *Origines* a été écrit après la guerre contre Persée terminée en 586 de Rome. (Peter, *Veterum hist. rom. rel.*, p. cxxvii et p. 64 frag. 49). Le 7e livre a été écrit en 604. (Cicéron, *Brutus*, 23, 89, et *de Senetucte*, 11, 38, cités par Peter, loc. cit.). Le 4e livre a donc été écrit entre 586 et 604.

texte traditionnel des XII Tables: *os fractum et membrum ruptum* (1). « *Si quis membrum rupit aut os fregit, talione proximus cognatus ulciscitur* (2) ».

Mais, pour nous rapporter la coutume d'un peuple étranger autorisant le talion à raison des lésions corporelles, quelles expressions devaient se présenter à l'esprit d'un jurisconsulte comme Caton et venir se placer d'elles-mêmes sous sa plume, sinon celles qu'employait dans une hypothèse analogue sa loi nationale, qu'il savait sans doute par cœur? Cinquante ans plus tard Cicéron enfant la récitait encore à l'école.

Caton revêt tout ce qu'il raconte de la terminologie romaine. Lorsque dans le même livre de ses *Origines* on lit: *Deinde dictator jubet postridie magistrum equitum arcessi*..., ce dictateur, ce *magister equitum* c'est sans doute Fabius le temporiseur et l'imprudent Minucius? Point du tout! Il s'agit d'Hannibal et de son lieutenant Maharbal (3), qui la veille avait dit à son chef le mot fameux: « Tu sais vaincre, Hannibal, mais tu ne sais pas profiter de la victoire ».

(1) Ce qui signifie: *membre endommagé, dététorié*, comme je l'ai montré ailleurs (*Le testament romain*, etc., 1903, p. 23, note 3), et non pas: *membre rompu*, ce qui entrainerait la fracture d'un os. La loi Aquilia distingue nettement *frangere* de *rupere*. L. 27, § 5, D. *Ad. leg. Aq.*, 9, 2; *rupere* signifie *corrupere*, L. 27, § 13, *eod.* Mon savant collègue M. Huvelin me pardonnera de n'avoir pas été entiérement convaincu sur cette question par les raisons données dans l'étude aussi intéressante qu'érudite qu'il m'a fait l'honneur de me dédier (Annales de l'Université de Lyon, nouvelle série. II. Droit Lettres. Fascicule XIII, p. 377 et sg.). Il traduit « membrum ruptum » par « membre arraché violemment ». A ce compte, les XII Tables auraient présenté une terrible lacune! Gaius III, 223 affirme positivement qu'en dehors de l' « os fractum » et du « membrum ruptum » toutes les autres injures donnaient lieu à une composition uniforme de 25 as. Dès lors on eut pu déchirer un homme à coups de verge, le larder de coups de couteau, lui faire les blessures les plus graves, du moment qu'il n'y aurait eu ni amputation ni fracture d'os on aurait èté quitte pour 25 as. Nous nous heurtons à une impossibilité pratique. Il faut donc nécessairement que rupere (ou rapere, peu importe l'orthographe) ait eu dans les XII Tables le sens très général qu'il a conservé dans la loi Aquilia et qu'il avait dans un texte officiel, une *rogatio* de 537-217. Après la défaite de Trasimène une loi promit aux Dieux un printemps sacré et décida qu'il n'y aura point d'infraction au voeu si l'on *blessait* ou tuait involontairement l'un des animaux consacrés: « Si quis *rumpet* occidetve insciens ne fraus esto » (Liv. XXII, 10). *Membrum* signifie d'ailleurs une partie quelconque du corps, comme M. Huvelin l'a démontré.

(2) Priscianus, VI. — Peter, *Veter, hist. rom. rel.*, p. 74, n 81.

(3) Peter, op. cit., pp. 78, 79, nn. 86, 87.

L'*os fractum* et le *membrum ruptum* ne visent pas plus le droit romain que *dictator* ne désigne Fabius, et *magister equitum* Minucius.

Dans ces conditions, les trois graves divergences que l'on relève entre le témoignage de Caton et le texte des XII Tables, ne peuvent que fournir un motif de plus pour affirmer que sa phrase sur le talion ne concerne point le droit romain:

1° Caton admet le talion pour les deux cas: l'*os fractum* et le *membrum ruptum;* les XII Tables ne le consacrent que pour ce dernier.

2° Caton ne parle que du talion, sans la moindre allusion à une composition conventionnelle ou légale. Les XII Tables fixent la composition pour l'*os fractum.*

3° Caton charge du talion le plus proche cognat; la loi des XII Tables est muette sur ce point. On s'attendrait plutôt d'ailleurs à la voir parler, comme pour la succession, du *proximus agnatus* (¹). D'ailleurs le jurisconsulte Caton n'a pu dire cognat pour agnat, à une époque où le mot cognat avait sûrement le sens qu'il a gardé (loi Cincia de 550, Frag. Vat. § 298), celui de parent de l'une ou l'autre ligne, par opposition à l'agnat, parent par les mâles.

En résumé, pour être en droit de faire état du texte de Caton, il faudrait d'abord prouver qu'il se référait aux XII Tables. L'indice tiré des expressions: *os fractum*, *membrum ruptum*, ne suffit évidemment pas, alors surtout que cette référence se heurte à de véritables impossibilités, et qu'il est infiniment plus naturel, étant donné que le livre IV des *Origines* traite des guerre puniques, de rapporter le talion dont il parle aux mœurs des Numides, ou de quelque autre peuple avec lequel les Romains eurent alors à lutter en Afrique ou en Espagne.

Enfin, au moment où Caton écrit ce passage, nous sommes à la limite du VIe et du VIIe siècle de Rome, nous touchons à l'époque où Cassius Hemina, qui vivait en 608, qui peut-être même a écrit ses Annales avant 605 (²), racontait en détail l'œuvre du double décemvirat (³), puisant sans doute ses renseignements chez ses prédecesseurs

(¹) C'est naturellement à ceux à qui doit revenir l'avantage de la succession, que doit incomber la charge de la vengeance, au lieu et place de la victime incapable de l'exercer.

(²) Opinion de Niebuhr basée sur un argument que Peter, op. cit., p. CLXVIIII, ne considère toutefois pas comme décisif.

(³) MACROBE, *Sat.*, I, 13, 21.

Fabius Pictor, Cincius Alimentus, et le poète annaliste Ennius. Il est impossible de supposer que ces trois historiens ignorassent les Décemvirs et la publication du droit, l'événement le plus important depuis la chute de la royauté, et que leur successeur immédiat Hemina l'ait inventé de toutes pièces.

Il est donc impossible que le texte des XII Tables ne fût pas fixé au moment où Caton écrivait le 4e livre de ses Annales.

Il l'était même depuis un temps immémorial, comme le prouve notament l'adage relatif au *lessus*, que Sextus Aelius ne comprenait plus.

7. En insérant dans ses Tripertita le texte légal, depuis longtemps fixé, ce vieux jurisconsulte le présentait comme divisé en XII Tables, personne ne l'a jamais contesté.

Cela seul suffirait pour nous y faire reconnaître un document officiel.

En effet, cela implique l'idée d'un document gravé sur des panneaux de bois, comme dans les premiers temps, ou sur des plaques de bronze, comme plus tard, et contenant des règles de droit, des prescriptions obligatoires, en un mot d'un document officiel, émané d'une autorité compétente pour promulguer ces règles.

Par conséquent nous sommes ici renfermés dans un dilemme:

Ou bien Sextus Aelius a cru sincèrement que le texte qu'il reproduisait était un document officiel, et alors la thèse qui voit dans les XII Tables un recueil de brocards colligé par ce jurisconsulte s'écroule entièrement.

Ou bien Sextus Aelius n'a pas cru au document officiel, et alors dans quel but ce faussaire a-t-il présenté son texte comme divisé en Tables?

Serait-ce pour lui donner un cachet d'authenticité, pour faire croire que c'était une vraie loi votée dans les comices?

Le moyen eût été bien mauvais, car jamais loi romaine, sauf notre texte, n'a été désignée par le nombre des Tables sur lesquelles elle fut gravée.

Pourquoi donc cette division en Tables?

On a cru en trouver l'explication dans le désir d'imiter les méthodes de composition du législateur d'Athènes, Solon (1).

Aux lois de Solon Aelius aurait emprunté les dispositions réglementant les funérailles au point de vue somptuaire et de police. On

(1) Lambert, *Revue générale*, 1902, p. 415.

peut considérer comme établi que ces dispositions de la dixième table viennent de la législation athénienne. Du moins il nous paraît certain qu'elle a servi à les perfectionner [1]. On reconnaît notamment que la défense faite aux femmes de se déchirer les joues et de se livrer à de bruyantes lamentations (*lessum*) a été copiée sur la loi de Solon; Cicéron l'affirme expressément [2]. Dans ce système on ajoute que la lecture de l'antique législation athénienne aura inspiré à Sextus Aelius l'idée de grouper les règles du droit civil en Tables [3]. S'il n'en a mis que XII, au lieu d'un plus grand nombre comme Solon, qui en avait fait au moins seize, ce sera sans doute, dit-on, à cause de la superstition romaine pour le nombre douze [4].

Mais, si Sextus Aelius avait lu, ne fût-ce qu'une fois, les lois de Solon, il aurait vu ce qui a frappé Cicéron, c'est que la dixième Table était la reproduction textuelle de la loi de Solon, et notamment que la disposition contenant le mot *lessum* constituait la traduction littérale d'une règle correspondante de Solon. Il était d'autant plus impossible de s'y méprendre que les deux parties de la disposition identique de Solon [5] et de la dixième Table visent le même objet, l'exagération des manifestations de la douleur féminine: 1° par gestes (lacérations des joues, *mulieres genas ne radunto*) ce que Aelius comprend très bien. 2° Par cris (ce que Plutarque appelle: *Το θρηνεῖν πεποιημένα*, le *lessum* de la loi) ce qu'Aelius ne comprend plus. S'il avait lu la loi de Solon, cela lui aurait sauté aux yeux. Autrement il aurait été le plus inepte des hommes, lui qu'Ennius proclame un esprit d'élite:

« Egregie cordatus homo Catus Aelius Sextus » [6].

Nous avons donc la certitude qu'Aelius n'a pas lu la loi de Solon. Par conséquent ce n'est pas dans cette lecture qu'il a pu puiser l'idée étrange de distribuer en tables imaginaires une collection de brocards juridiques.

Cette distribution en XII Tables ne peut donc s'expliquer autrement que par le fait que Sextus Aelius considérait le texte en question comme

(1) La dixième Table prohibe en général tout aspersion coûteuse du bûcher (*sumptuosa respersio*). D'après PLINE, *Hist. Nat.*, XIV, 12, 88, une loi de Numa disait déjà: *vino rogum ne respargito.*

(2) CICÉRON, *De legibus*, II, 25.

(3) LAMBERT, *Revue générale*, 1902, p. 415.

(4) Ibid., p. 418.

(5) PLUTARQUE, *Solon*, 21.

(6) ENNIUS, *Annales*, ed. Vahlen V., 335, cité par MOMMSEN, *Digesta*, I, p. 8, n. 8.

un document officiel, ayant à son origine été affiché sur XII Tables. Ce n'était donc pas un recueil de brocards qu'il aurait colligés et fixés le premier par l'ecriture.

Et comment se serait introduite cette division en XII Tables, sinon par l'existence réelle de ces Tables à une époque plus ou moins ancienne? Il est impossible de l'imaginer (1).

En résumé le caractère officiel du texte peut seul expliquer que Sextus Aelius, qui est un jurisconsulte et non un archéologue collectionneur d'antiquités, ne se soit cru autorisé à retrancher aucun article, même s'il avait été depuis deux siècles et demi expressément abrogé comme la prohibition du mariage entre les deux ordres, même s'il avait perdu toute application pratique, comme le dépècement du débiteur, et le talion en cas de membre endommagé, même si personne n'en comprenait plus le sens, comme la prohibition du *lessus*.

Les XII Tables étaient donc au VIe siècle de Rome un texte fixé, officiel et très ancien.

8. Ces raisons nous paraissent confirmer, dans ses grands lignes, la tradition qui fait remonter la première publication du droit à deux siècles et demi avant le consulat d'Aelius. Nous disons dans ses grandes lignes, non dans ses détails sur lesquels on a pu broder. D'un autre côté il faut distinguer les faits de l'interprétation que leur ont donnée les historiens romains de la fin de la République, sous l'influence d'idées plus récentes. Prenons par exemple le fait que les Tables auraient été soumises aux critiques du public et retouchées par les Décemvirs en conséquence. Si le fait est vrai, il ne peut s'entendre que d'une sorte d'enquête *per turbas*, comme dans l'ancien droit français; il ne s'agissait pas d'apprécier le mérite de chaque disposition, mais sa conformité avec la coutume, telle que la révélaient les jugements dont le public avait conservé la mémoire.

De même quand Tite-Live parle d'un vote des comices centuriates, il me semble qu'il commet un anachronisme. Que les centuries, et même les curies aient, dès une haute antiquité, voté des *rogationes*, c'est-a-dire pris des décisions spéciales, cela est fort possible (2). Mais

(1) Nous essaierons peut-être d'expliquer ailleurs pourquoi le texte fut d'abord gravé sur 10 Tables, puis sur 2 Tables supplémentaires.

(2) C'est sans doute à propos des *rogationes* ou autres décisions concrètes que les XII Tables avaient posé le principe: *ut quodcumque postremun populus jussisset, id jus ratumque esset*. L'interrex Fabius invoquait cette disposition pour valider l'élection de deux consuls patriciens en 399, malgré le partage du consulat consenti auparavant. Liv. VII, 17, 12. Pour appliquer ce principe aux *leges*, véritables

la *lex* diffère de la *rogatio* (1) en ce qu'elle a une portée générale: c'est une règle de conduite révélée par la divinité et qui ne saurait dépendre d'un vote populaire. Suivant le vieille définition de Démosthènes, reproduite au Digeste par le jurisconsulte Marcien, la loi « c'est un précepte qui s'impose à tous surtout parce qu'il est une création et un bienfait des Dieux, révélés par les Prudents..., c'est un engagement pris par la cité entière... » (2).

Et Papinien (3), qui laïcise cette formule en supprimant la mention de la volonté divine, répète encore que c'est un engagement pris par l'Etat tout entier: *communis reipublicae sponsio* (4).

Aujourd'hui encore dans ces vieilles assemblées populaires qui subsistent dans les petits Cantons de la Suisse centrale, les Landsgemeinde, avant de se séparer les citoyens s'engagent solennellement à observer les lois et coutumes du Canton. Suivant le rite sacramentel, ils lèvent la main droite en étendant trois doigts, et prennent la Trinité divine à témoin de leur serment.

---

révélations divines (voyez plus bas, au texte) donc immuables, les Romains ont pris un détour où se montre toute l'ingéniosité de leur esprit juridique. On n'abroge jamais la loi antique, on se borne à ajouter à toute loi nouvelle une clause de style (Cic.. *ad Attic.*, III, 23, 2), le *caput tralaticium de impunitate*, qui amnistie d'avance toutes les infractions à la loi ancienne occasionnées par la loi nouvelle: « Si quis hujusce legis ergo adversus leges rogationes plebisve scita senatusve consulta fecit fecerit, sive quod eum ex lege rogatione plebisve scito senatusve consulto facere oportebit, non fecerit hujus legis ergo, id ei fraudi ne esto, neve quit ob eam rem populo dare debeto, etc. ». (Lex de imperio Vespasiani).

(1) Festus, V° *Rogatio*. — L'étymologie confirme ces idées: le mot *lex* signifie prescription faite à haute voix, il appartient à la même famille que le mot *lessus*. lamentation bruyante, *lego*, lire, c'est-à-dire parler à haute voix, *loquor*, parler, *lamentum* pour *(c)lagmentum* cri; *clango* crier. Je ne sais s'il ne faudrait pas rapprocher de ce mot le suédois *lag*, et l'anglais *law*, loi, étymologie proposée par Pott, *Etym. Forsch.*, à ed. IV, 608; Jhering, *Esprit du droit romain*, I, 216, cités mais non suivis par Michel Bréal, *Nouv. Revue hist. de droit*, 1833, p. 610. « La loi, dit M. Michel Bréal, loc. cit., c'est la *lecture*, comme chez les peuples sémitiques, la loi c'est l'*écriture* ». Le mot *lex* nous paraît encore avoir ce vieux sens dans l'antique formule qui se rencontre dans tant de lois: *ejus hac lege nihilum rogatur*. Cette lecture (et non pas cette loi) ne propose rien... *Lex* dans le sens de loi ne s'harmoniserait pas avec *rogatur*. La loi ne prie pas, (*rogat*), elle ne propose pas, elle impose. Ainsi à l'origine la loi n'était pas autre chose qu'une proclamation faite par le roi, et écoutée religieusement par les Curies assemblées. En ce sens-là — et c'est je crois le vrai — les lois royales sont bien des lois curiates.

(2) L. 2, D. *De Legibus*, I, 3.

C'est cet engagement, cette *sponsio* religieuse (¹) qui s'est plus tard transformée en vote. Mais il est permis de douter que cette transformation fût accomplie pour les *leges* proprement dites au temps des Décemvirs. Les approbations successives des centuries et de la plèbe, rapportées par Denys (²), ne seraient-elles pas seulement des promesses solennelles d'obéissance? Le prétendu vote de la plèbe, notamment, pouvait-il être autre chose à cette époque?

Sous le bénéfice de ces réserves, il me semble qu'il y a lieu de croire à l'exactitude de la tradition dans ses grandes lignes. Les arguments que l'on tire contre elle du droit comparé et de la psychologie des pleuples — arguments que je ne puis ici étudier en détail — me paraissent militer bien moins contre les faits rapportés par les Annalistes, que contre l'interprétation qu'ils leur ont donnée, en s'inspirant des idées de leur époque. Ces sciences pourraient servir à rendre aux faits leur véritable physionomie, elles n'arriveront pas, je crois, à les effacer. Les efforts faits pour déraciner la tradition auront un résultat utile, celui de nous obliger à nous mieux rendre compte de la véritable structure de ses racines, mais en même temps elles nous montreront, je crois, leur solidité et leur profondeur.

(¹) L. I. D. *eod.*

(²) Il reste des traces de ce serment dans la loi qui institue les tribuns de la plèbe (Denis, VI, 89).

www.ingramcontent.com/pod-product-compliance
Lightning Source LLC
LaVergne TN
LVHW010316230826
846091LV00009B/3691

* 9 7 8 2 0 1 9 2 3 7 1 4 1 *